陪孩子玩到入园

1~3岁亲子早教游戏

夏秀英◎著

中国妇女出版社

图书在版编目（CIP）数据

陪孩子玩到入园．1～3岁亲子早教游戏 / 夏秀英著．-- 北京：中国妇女出版社，2019.3

ISBN 978-7-5127-1668-1

Ⅰ.①陪… Ⅱ.①夏… Ⅲ.①游戏课－学前教育－教学参考资料 Ⅳ.①G613.7

中国版本图书馆CIP数据核字（2018）第270444号

陪孩子玩到入园——1～3岁亲子早教游戏

作　　者：夏秀英　著
责任编辑：魏　可
责任印制：王卫东
出版发行：中国妇女出版社
地　　址：北京市东城区史家胡同甲24号　　邮政编码：100010
电　　话：（010）65133160（发行部）　　65133161（邮购）
网　　址：www.womenbooks.cn
法律顾问：北京市道可特律师事务所
经　　销：各地新华书店
印　　刷：三河市祥达印刷包装有限公司
开　　本：170×235　1/16
印　　张：9.5
字　　数：90千字
版　　次：2019年3月第1版
印　　次：2019年3月第1次
书　　号：ISBN 978-7-5127-1668-1
定　　价：45.00元

目录 CONTENTS

第一章
情商早教游戏

第二章

智力早教游戏

第三章

运动能力早教游戏

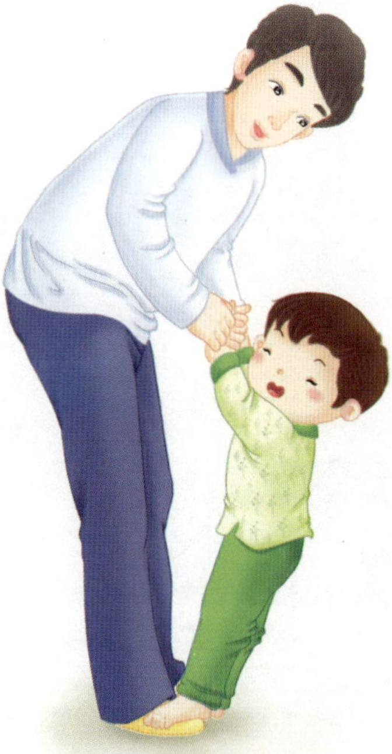

第四章 艺术早教游戏

第一章

情商早教游戏

情商又称为情感智力或情感智慧，包含道德品质、心理素质、艺术修养、兴趣爱好、社交能力、体质、体能等多种因素。良好的情商是指良好的道德情操、乐观幽默的品性、面对并克服困难的勇气、自我激励、持之以恒的韧性、同情和关心他人的善良、善于与人相处、把握自己和他人情感的能力等。

“情商”包含了：

（一）自我意识：一个人对自己的认识、评价和期望。

（二）自我激励：做事能保持满腔的热情和昂扬的斗志。

（三）驾驭自己的情绪：不论在任何情况下保持积极、乐观和自信，克服不良情绪。

（四）与人交往的能力：能与人友好相处，真诚合作，有良好的交往技能。

（五）自我管理：调控自己的情绪，使之适时适度地表现出来。

情商对儿童的身体生长发育、心理发展、个性的形成都起着重要的积极作用。

因此，情商教育是儿童教育的必修课。

1岁~1.5岁情商早教游戏

打电话

目的：

语言能力开发。

准备：

电话1台。

方法：

1.将电话放在宝宝的耳边，拿起听筒，让他听电话里发出“嘟——”的声音。

2.让宝宝听按电话键时发出的声音。

3.用手机打电话，让宝宝身边的电话响起铃声。

4.拿起听筒，放到宝宝的耳边，让他听从听筒里传来的声音。

逛超市

目的：

脑力开发，帮助宝宝了解更多的事物。

方法：

1.领着宝宝浏览超市里陈列的商品。

2.让宝宝摸摸奶粉和尿不湿的包装。

3.让宝宝摸摸可以发出“沙沙”声的饼干、糖果等的包装袋。

4.让他摸摸冷藏柜里的蔬菜和水果，也让他感受一下凉凉的风。

抱娃娃

目的：

模仿妈妈的动作，体验关爱的情感，培养交流的能力。

准备：

玩具娃娃1个。

方法：

1.给宝宝1个大小合适的娃娃，说："娃娃哭了，快哄哄她吧！"

2.让宝宝模仿妈妈抱着娃娃，一边摇晃一边轻拍娃娃。

3.过一会儿妈妈说："娃娃睡着了，把她放在床上吧！"

给娃娃看病

目的：

让宝宝了解看病的常识，做好心理准备，配合治疗。

准备：

毛绒玩具，注射器玩具。

方法：

1.让宝宝扮医生给玩具打针，给家长打针。教宝宝因为他们不哭而鼓掌。

2.家长扮医生，给宝宝打针。家长鼓掌赞扬宝宝的表现。

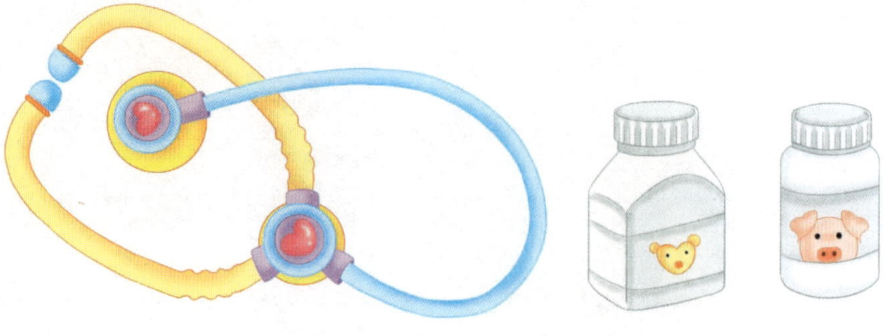

观察金鱼

目的：

引导孩子观察金鱼在水中游动的样子，告诉孩子金鱼的名称。

准备：

鱼缸和金鱼。

方法：

1.家长指着金鱼的眼睛、尾巴等处给孩子讲解："金鱼长着大眼睛、长尾巴，游来游去很漂亮，它生活在水里。"

2.指导孩子给金鱼喂食，引导孩子观察金鱼进食的情景。

3.告诉孩子不能用手抓金鱼，培养孩子对小动物的爱心。

小贴士

- 如果家里没养金鱼，可带孩子到花鸟鱼市场去观察，也可以用有金鱼的图片或图书代替。

喂喂你

目的：

1.培养宝宝玩纸的兴趣，练习双手配合撕纸。

2.学习使用胶水棒粘贴。

准备：

用可乐瓶子制成兔子、大象等动物形象，嘴做得大一些。不同质地的纸做成饼干、胡萝卜、香蕉等。

方法：

1.家长鼓励宝宝自己选“食物”，把它撕成小块喂小动物。

2.家长引导宝宝把“食物”撕得更小一些，别呛着小动物，以此培养孩子对动物的爱。

3.引导宝宝尝试去撕质地不同的纸，感受纸的特性，同时与宝宝进行语言交流，如“这张纸摸上去软软的”“这张纸滑滑的”。

小贴士

- 在家里可以让宝宝随意撕一些旧画报、卫生纸、餐巾纸等，体验撕纸的乐趣，感受不同质地纸的特性。
- 将可乐瓶子剪掉1/3，贴上画好的兔子头或大象头。

粮食宝罐

目的：

1.通过听声音，让孩子区别大米、大豆等食物。

2.鼓励孩子按自己的意愿说说喜欢怎样食用食物。

3.教育孩子爱惜粮食。

准备：

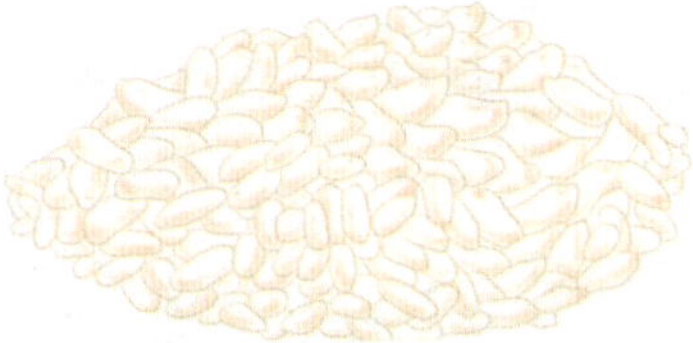

空易拉罐，大米、大豆若干，胶布。

方法：

1.在空易拉罐里分别放进大米、大豆等食物，用胶布把开口处封住。

2.让孩子一面摇晃易拉罐，一面猜猜里面是什么。

3:请孩子说说喜欢怎么吃，如大米可以烧米饭、煮稀饭等。

小贴士

▶ 易拉罐里放的东西不一样，声音也不一样，可以将放入粮食的罐子当作沙锤使用，家长和孩子一起，按音乐节奏或歌曲节奏挥舞罐子。

猜猜小动物

目的：

培养孩子的观察能力、思考能力和语言表达能力。

准备：

各种动物玩具（或图片），手帕或布四五块。

方法：

1.家长先将动物玩具（或图片）放在桌上，上面用手帕或布盖住动物大部分的身体，只露出一些有特征的部分，如尾巴、耳朵、嘴巴、身体的花纹等。

2.让孩子仔细观察，猜猜这是什么动物，帮助孩子掌握动物的明显特征。

3.猜完后让孩子揭开手帕看看对不对。

小贴士

- 经常更换动物玩具或图片，可以帮助孩子掌握越来越多的动物特征。同时，注意鼓励孩子积极参与并踊跃说话。

摸宝

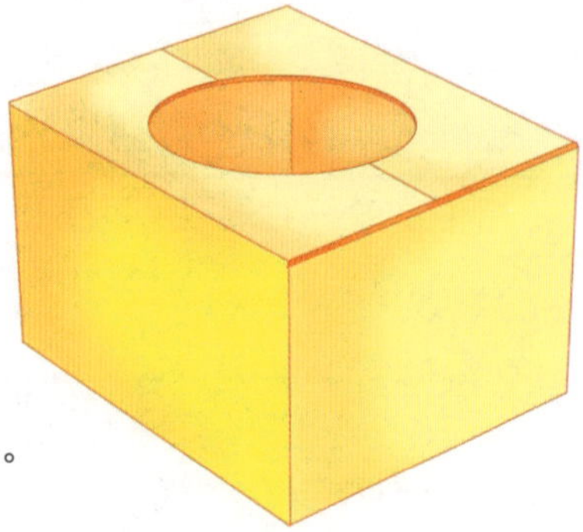

目的：

1.训练触觉的小肌肉，练习手的灵活性。

2.体验成功感，增强亲子关系。

准备：

一个大纸盒，在纸盒内装上宝宝经常接触的一些物品，在顶盖上挖一个洞（能让宝宝将胳膊伸进去即可）。

方法：

1.告诉宝宝，盒子里面有好多宝贝，激发宝宝的探索欲望。

2.让宝宝伸手进去抓物品，拿出来告诉家长抓到的是什么。

小贴士

▸ 为了增加难度，也可让宝宝在里面摸的时候就猜猜摸到的是什么。然后再拿出来看，让宝宝体验成功的乐趣。

猜身体

目的：

1.培养宝宝的积极情绪，敢于当众大胆地说话。

2.知道自己的姓名、性别及身体的部位名称。

准备：

眼罩或纱巾。

方法：

1.宝宝坐着，家长戴上眼罩或蒙上纱巾去摸宝宝，一边摸一边提问：“你是谁呀？”宝宝答：“我叫毛毛。”

2.家长摸着宝宝的小脚说：“这是什么呀？”宝宝答：“小脚丫。”

小贴士

- 家长可以故意说错身体部位的名称或宝宝的姓名、性别，吸引宝宝反驳或表达。家长要鼓励宝宝大胆地回答或纠正“错误”。

自己吃饭

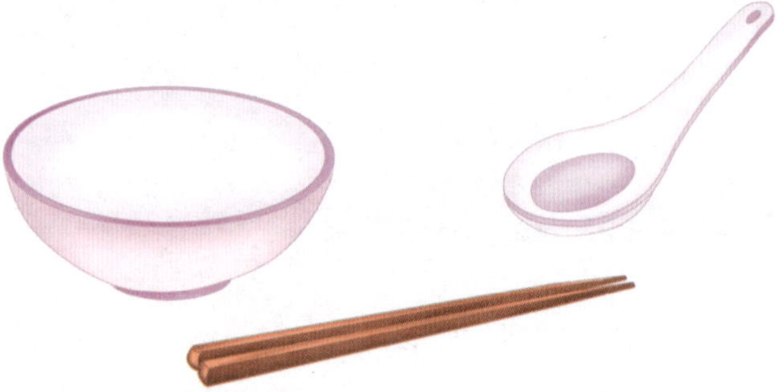

目的：

培养自理能力，练习拿勺吃饭。

准备：

干净的筷子、碗、勺。

方法：

1. 家长把烧好的饭菜盛在碗里，告诉宝宝碗是盛饭菜用的。
2. 吃饭时让宝宝知道筷子是夹菜用的，勺是喝汤用的。
3. 让宝宝练习自己吃饭。

小贴士

- 坚持反复练习。

音乐捉迷藏

目的：

对音乐有初步的认识。

准备：

两三件不同的玩具乐器。

方法：

1.设置一个“屏风”，让孩子和乐器分开。

2.让孩子站在“屏风”外面，家长在“屏风”里弹奏乐器，让孩子猜是什么乐器发出的声音。

3.如果孩子猜对了，给予适当的奖励；如果孩子猜错了，家长可以当着他的面，演奏乐器让他仔细倾听，了解不同乐器所发出的声音，然后继续游戏。

小贴士

- 家长也可以和孩子互换角色，并且增加玩具乐器的数量。

桌下取物

目的：

练习按指令取物，发展宝宝的观察能力，提高身体动作的灵敏性。

准备：

图片或玩具若干，小篮子1只。

方法：

1. 图片或玩具若干，放到餐桌下。

2. 家长给宝宝1只小篮子，让宝宝爬到桌子下面去取某张图片或某个玩具，然后放进篮子里交给家长。

3. 游戏可反复进行，直到所有东西全部取完为止。

1.5岁～2岁情商早教游戏

小鸡捉虫

目的：

训练孩子稳步走向指定的地方。

准备：

小鸡头饰，皱纸条。

方法：

1.纸条分别散放在地上当“小虫”，家长与孩子一起戴上头饰，到处捉“小虫”。

2.家长要不断鼓励孩子，并引导孩子每次拿一条“小虫”，使孩子初步建立数的概念。

梳头

目的：

对触觉防御过当的孩子，梳头具有调节觉醒的功能，可以协助其抑制触觉上过多的信息。同时，这种动作可以增进亲子间互动，对人际关系的强化也有帮助。

准备：

梳子，娃娃。

方法：

1. 用梳子刺激孩子的头皮，并且顺势梳头。
2. 指导宝宝给家长、娃娃梳头。
3. 引导宝宝自己简单地梳理头发。

小贴士

- 可以尝试用羽毛、毛巾等代替梳子，或进行洗头、刷手掌及脚掌的游戏，以强化孩子的触觉。同时，注意梳子齿的尖端不能太尖。

玩泥巴

目的：

加强脑干前庭网膜的过滤及选择的觉醒能力，对触觉过于敏感或迟钝的孩子的情绪安定，会有很大帮助。

准备：

泥土或沙土，大盆或大塑料布。

方法：

1.将泥土或沙土放在大盆里或大塑料布上，使孩子能整个身体进入其中，并且全身能接触泥土或沙土，特别是手。

2.注意观察孩子对接触材料的排斥或接受情况。如果孩子还可以接受，可以增加泥土或沙土的数量，使接触面更广。

小贴士

- 可以利用户外游戏，在保证安全的前提下，让孩子在沙地、泥浆、草地上做游戏。触觉是固有感觉非常重要的一种，对孩子本体感的发展有很大的帮助。

开商店

目的：

练习开口表达个人的需要。

准备：

玩具，食品。

方法：

1.宝宝扮售货员，家长扮顾客，引导宝宝按物品名称拿东西。

2.家长扮售货员，宝宝扮顾客，引导宝宝随意“买”东西。

压路机

目的：

发展孩子的知觉。

准备：

瑜伽球1个。

方法：

孩子躺在地上，家长将瑜伽球从孩子身上滚过，可以有意滚过孩子的头部、胸部。

小贴士

▶ 在滚过头部和胸部时要注意，不能用力过猛。

2岁～2.5岁情商早教游戏

两人两脚走

目的：

锻炼孩子手臂的力量和平衡能力，体验合作的喜悦。

准备：

地板上（或场地上）画好圆圈、曲线或长方形等，小障碍物若干。

方法：

1.孩子面对家长，站在家长的脚背上，握紧家长的双手，和家长一起绕着圆圈、曲线、长方形行走。

2.让孩子骑在家长脖子上，家长握紧孩子，或快或慢，或走或跳，自由绕行于小障碍物之间。

小贴士

- 家长用力要适当，防止孩子的肘关节脱臼。小障碍物可用雪碧瓶、积木块等替代。

过马路

目的：

培养孩子遵守交通规则。

准备：

地上画好“斑马线”，自制“红绿灯”，毛绒玩具。

方法：

1.让宝宝抱着玩具过“马路”，家长扮“警察”要求他走人行横道。

2.看红绿灯，让宝宝知道“红灯停、绿灯行”。

洗手绢

目的：

学会自己的事情自己做。

准备：

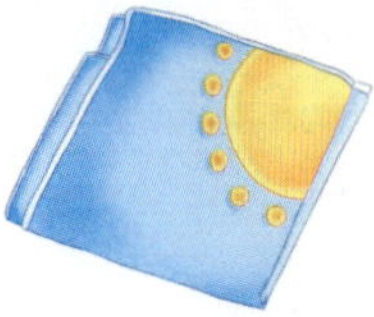

手绢，肥皂，盆。

方法：

1.家长帮助宝宝在盆里倒好水，指导他先把手绢泡进水里。

2.手绢拿出来涂几下肥皂，用力搓搓，再放进水里。

3.最后用清水涮2次，晾在绳子上。

4.倒掉水，把盆收放原处。

搭桥

目的：

培养孩子的合作意识。

准备：

几幅大桥的图片，积木。

方法：

1.把积木分给爸爸、妈妈和孩子，大家分别用自己手中的积木来建大桥。

2.在建造的过程中，大人提出问题，比如爸爸说："我的积木太少，不能建成大桥，怎么办？"

3.启发、引导孩子想办法，引起孩子和家长一起建大桥的欲望。

4.大家通过商量决定，把积木合起来，一起合作搭建一座大桥。

送玩具回家

目的：

培养宝宝爱整洁的习惯，体验合作游戏的快乐。

准备：

玩具若干。

方法：

1.宝宝玩完玩具后，妈妈对宝宝说："玩好了吗？玩好了就要收拾了。来呀，你看小图书要回家啦！积木累了，也想睡觉了！小手枪的家在哪儿呢？快送它们回去吧！"

2.当妈妈和宝宝一起收拾好玩具后，妈妈说："宝宝收得真干净，我们一起把玩具箱子放到原来的地方吧。"

2.5岁～3岁情商早教游戏

传球

目的：

学会轮流和等待，懂得遵守共同的游戏规则。

准备：

皮球1个。

方法：

家人围坐成圈，边按顺时针传球，边念儿歌：“传传传，传皮球，皮球传到我的手。一个一个往下传，我们都是好朋友。”

小贴士

- 为了使游戏更有趣，宝宝掌握传接的方法后，可以再增添一个球，缩短孩子的等待时间，提高兴奋度。对于年龄小些的宝宝，传递具有一定的挑战性，不易与游戏伙伴配合，家长可以协助孩子完成传接的任务。

购物小助手

目的：

让宝宝认识一些商品，了解购物的程序。丰富社会知识，锻炼人际交往的技能。

方法：

1. 爸爸妈妈带宝宝去超市购物时，不要让宝宝总是坐在小推车里，而要牵着宝宝的手，让宝宝当购物小助手。

2. 抱着宝宝去取商品，告诉宝宝包装盒里的东西是什么。

3. 当宝宝对货架上的某一样东西表现出兴趣时，介绍给宝宝听，使宝宝认识更多的商品。

耳语传话

目的：

让孩子听懂耳语，传话正确。

方法：

家长在宝宝的耳边说一句话，让他传给另一个人，再由那个人复述听到的话。看看宝宝是否能将听到的话准确传出去。刚开始传3～5个字的短句，熟练后再练习传较长的句子。

小贴士

- 听的人只能用耳朵去听，不能同时看对方的眼神和动作。孩子特别喜欢耳语，因为它有一种神秘感。

石头、剪子、布

目的：

理解胜负的关系，学习合作游戏的技巧。

方法：

1.先教宝宝学会用手势表示石头、剪子和布，然后教宝宝理解两者间的胜负关系。

2.爸爸妈妈先示范游戏，两人一起喊：“石头、剪子、布！”一起伸手做出手势，让宝宝判断输赢。

3.几轮之后，让宝宝和妈妈或爸爸玩。

小贴士

- 当宝宝和其他小朋友都想玩同一种玩具时，让他们猜拳，谁赢了可以先玩。让宝宝在游戏中学习遵守既定的规则。

认识天气变化

目的：

培养观察自然的能力，激发宝宝热爱大自然的情感。让宝宝认识昼夜及四季。

准备：

天气相关的图片。

方法：

1. 给宝宝看图片，讲述天气变化的原因。

2. 带宝宝去室外亲身感受，引导宝宝在不同的天气里感受一下。

收拾衣服

目的：

锻炼宝宝的自理能力，培养良好的生活习惯。

准备：

衣服若干。

方法：

1.将所有的衣服放在一起，请宝宝分别将成人、宝宝的衣服分开摆放叠好。

2.按不同人放衣服的位置，将衣服分别放好。

小小建筑师

目的：

培养专注和坚持的精神，锻炼宝宝的心理承受力，勇于战胜困难不怕失败。

准备：

方块积木若干。

方法：

1. 家长用积木演示“搭高楼”。
2. 鼓励宝宝独立搭积木，与家长比比谁搭得高。

小贴士

- 家长可以故意造成积木倒塌，使宝宝看到成人也会失败，只要从头再来，仍然还能成功。

第二章

智力早教游戏

智育是指向受教育者传授知识、技能，发展其认知能力的教育。

儿童智育应当从出生就开始进行。现代科学研究表明，0～6岁阶段是智力发展的迅猛时期，认知能力在快速完善，所以在这个时期向儿童进行智力教育是很重要的。

智力是指人认识、理解客观事物，并运用知识、经验解决问题的能力，它是人在认识客观事物中形成的认识方面的稳定的心理特点的综合，而这种综合确保人们有效地进行认知活动。智力由如下几方面组成：感知观察力、注意力、记忆力、思维和语言表达能力、想象力、操作能力。

智力是在遗传素质的基础上，在环境教育的影响下，在实践活动中形成和发展的，智力的发展受个体意识倾向性，即心理活动的动力体系包括兴趣、需要、动机、情感、意志的制约。因此，儿童在出生时虽有智力差异，但在后天的环境影响下是可以改变的。

1岁～1.5岁智力早教游戏

认识身体

目的：

认识自己的身体，发展知觉。

准备：

多张人物全身照片或图片。

方法：

1. 家长教宝宝认识身体的基本部分。

2. 把所有的图片或照片拿给宝宝，引导宝宝说出或指出人物的身体部位。

小鱼吹泡泡

目的：

学习画圆圈，练习握笔能力及其手眼协调能力。

准备：

带有小鱼的图画纸，油画棒。

方法：

家长先示范，用笔在小鱼周围画泡泡，接下来请家长鼓励宝宝自己来画圆圈，同时引导宝宝用手握住笔画圆圈。

小贴士

- 家长在指导宝宝画圆圈时，注意引导宝宝把小鱼吹的泡泡画得圆圆的、鼓鼓的，不要让泡泡漏气（画封闭的线）。对于能力强的宝宝，可以让宝宝给圆圆的泡泡涂上漂亮的颜色。

认识“红”色

目的：

学习区分与认识颜色，培养观察力和操作能力。

准备：

五颜六色的积木。

方法：

1.家长拿出两种颜色的积木，如红色和蓝色。

2.先拿几块红色的积木给宝宝看，告诉宝宝：“这几块积木是红色的。”

3.再教宝宝认识蓝色。

4.把两种颜色的积木放在一起，对宝宝说：“把红的积木拿给家长。”要求宝宝按照家长的指令取物。

分辨大小

目的：

学习比较，学习观察。能正确区分大小。

准备：

形状和颜色相同但大小不同的汤勺3把，形状和颜色相同但大小不同的碗3个。

方法：

1.家长随意把3个碗放在桌子上，并提问：“哪个是最大的？哪个是最小的？”让宝宝把碗按从大到小的顺序排队。

2.家长拿出3把小勺，按上述方法排序，对宝宝进行提问。

3.家长告诉宝宝：“小碗、小勺要成为朋友，请你帮帮它们。”

4.家长告诉宝宝：“大碗、大勺要做朋友，最小的碗里放最小的勺。”

小贴士

- 引导孩子按你的要求来摆，摆完后要给孩子以鼓励。再重新散放打乱次序，开始新游戏。

看图说话

目的：

练习正确使用词汇，发展语言表达能力。

准备：

儿童画册或图书。

方法：

爸爸妈妈同宝宝一起看画册，为宝宝讲述图片的细节部分。

正面和背面

目的：

培养观察能力，学习分辨正反。

准备：

一些双面图片（图片两面分别画人物的正面和背面）。

方法：

1. 先让宝宝看图片的正面，然后再让宝宝看图片的背面，指着图片告诉宝宝："你刚才看的是面朝你的小狗，现在看的是背朝你的小狗。"

2. 再让宝宝看人物的图片，让宝宝知道什么是"正面"和"背面"，什么是"前面"和"后面"，如："宝宝前面有纽扣，妈妈从后面看和图片的背面一样吗？"使宝宝知道正面与背面的不同。

贴五官

目的：

简单了解自己，知道“眼睛、鼻子、耳朵、嘴”的正确位置。

准备：

硬纸板和笔，纸片。

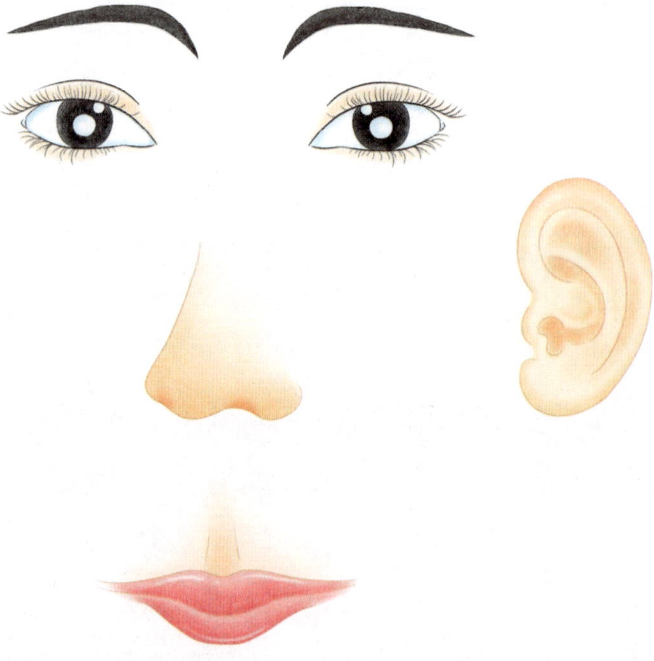

方法：

1.在一张硬纸板上画一个人，然后加上头发，使头部更加生动。

2.用纸片制作眉毛、眼睛、鼻子、耳朵、嘴等，用来粘贴。

3.拿出准备好的五官图片让孩子辨认，家长与宝宝合作粘贴。

小贴士

- 只要五官的位置基本合理就可以了，不要强求五官在脸部的位置。

长大和变小

目的：

学习大与小的概念，锻炼动作的协调性和反应速度，培养想象力和判断力。

方法：

1.家长和宝宝面对面站立，告诉宝宝听到“变小了”时蹲下，听到“长大了”时站起来，边说边示范。

2.由家长说“变小了”或“长大了”，让宝宝做相应的动作。游戏可以反复进行。

猜糖果

目的：

训练观察力，培养判断能力。

准备：

1块糖。

方法：

1.妈妈和宝宝面对面坐在床上。

2.妈妈在手掌放1块糖，然后左右手交换几次，双手握拳，拳心向下，一起伸向宝宝，问宝宝："宝宝猜猜看，糖在哪一只手里？"

3.当宝宝伸手去掰妈妈的手中有糖果，妈妈就对宝宝说："对了，宝宝猜对了！"然后马上打开手给宝宝看。如果宝宝猜错了，妈妈也要马上打开这只手，对宝宝说："不对，这只手是空的，糖不在这儿。再猜猜看，糖在哪里？"

小贴士

- 糖果可以用其他小物件代替。

大球与小球

目的：

学习比较大小，观察球滚动的速度，培养观察力和思维能力。

准备：

一大一小两个球。

方法：

1.妈妈先拿出两个球，告诉宝宝："这是大球，这是小球。"

2.让宝宝自己玩一会儿，再问："哪个是大球？"

3.告诉宝宝："把小球给妈妈！"

4.妈妈先后滚动两只球，边滚边说："大球跑了，小球去追，追上了！"

5.妈妈让宝宝先滚球，然后滚球去追。也可以妈妈先滚球，让宝宝试着滚球去追。

戴帽子

目的：

分辨同类物品的差异，锻炼手部的精细动作，培养观察力、操作能力以及做事情的专注力。

准备：

空瓶若干。

方法：

1.家长和宝宝坐在一起，先把瓶子的瓶盖取下来，边取边说："帮'瓶宝宝'摘帽子。"

2.把瓶子和它们的"帽子"分开弄乱，让宝宝来给这些"瓶宝宝"戴上与之相配的"帽子"。

3.最后，让宝宝将戴好"帽子"的"瓶宝宝"放在一起"排队"。

学分类

目的：

学习按用途分类，培养对概念的理解能力和逻辑思维能力。

准备：

常见的食品及日常用品。

方法：

1.妈妈教宝宝理解“吃的东西”和“用的东西”的概念，然后把这些东西混在一起。

2.让宝宝按物品的用途分成两堆，或把吃的东西给妈妈，把用的东西给爸爸。

敲一敲

目的：

培养孩子的乐感和节奏感。

准备：

玩具鼓槌。

方法：

1. 妈妈握着孩子拿鼓槌的手敲打，教孩子掌握节奏。
2. 妈妈唱歌，让孩子敲打棉被或枕头。
3. 妈妈拍手，让孩子一边敲一边唱歌。

套圈

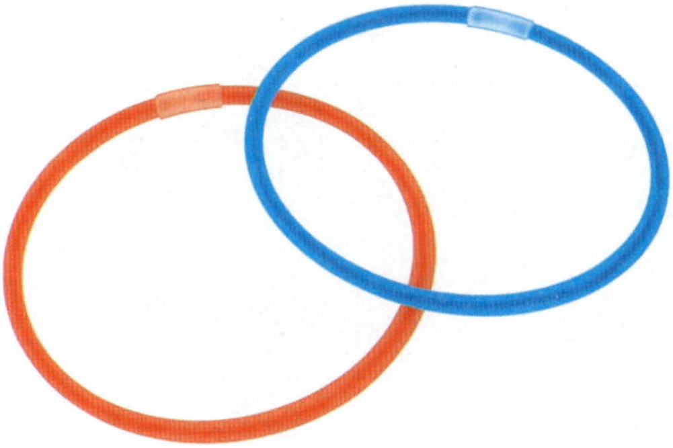

目的：

培养孩子的感觉、认知能力。

准备：

胶带卷，彩色胶带，纸筒，箱子。

方法：

1. 将用完的胶带卷用彩色胶带装饰，做成套环。
2. 将圆筒卫生纸的纸筒放进箱子固定，做成标的物。
3. 让孩子向中间的纸筒投掷套环，玩“套圈”的游戏。

小贴士

- 这个游戏不仅可以提升孩子的目测能力，也可以让孩子手臂的肌肉变得强壮。

连连看

目的：

培养孩子对图形的认知。

准备：

图画纸，笔，蜡笔。

方法：

1.将图画纸分成两半，中间画线隔开。

2.在两边画出几组相同的图案。

3.引导孩子将相同的图案用蜡笔连起来。

对对看

目的：

培养孩子的感觉、认知能力。

准备：

硬纸板，美工刀。

方法：

1. 在硬纸板上割出三角形、正方形、圆形以及动物、花等造型。

2. 让孩子将割下来的纸板再重新放回原来的位置。

1.5岁～2岁智力早教游戏

听听我是谁

目的：

培养孩子对动物的初步认识。

准备：

一些动物卡通图形。

方法：

1.给宝宝出示动物卡通图形，让宝宝分别辨认这些动物并说出名称。

2.妈妈学某种小动物的叫声，让宝宝根据叫声找出相应的动物卡通图形，并说出它的名称。

3.妈妈学某种小动物的叫声，让宝宝说出动物的名称并模拟其动作。

手指配对

目的：

培养孩子对数字的认识。

方法：

1.先伸出两个手指，告诉宝宝："这是2。"让宝宝点数。

2.告诉宝宝："伸出和妈妈同样的手指，来和妈妈的手指配对。"引导宝宝伸出同样的手指，和妈妈的手指比一比，看是否一样。

3.换另外两个手指，让宝宝继续练习。

4.也可让宝宝伸出手指，让妈妈来配对。

图形配对

目的：

培养孩子对图形的认知。

准备：

相同大小的圆形、正方形、三角形等纸片各2片。

方法：

1.家长把纸片放在桌子上，取出其中的一片问宝宝："这是什么图形？"尽量让孩子自己回答。如果孩子回答不出来，可与孩子一起说出形状的名称。

2.家长拿出其余的图形让孩子配对。

小贴士

- 如果孩子完成得很顺利，可适当增加一些其他图形，如长方形、菱形等。

我的身体

目的：

帮助孩子认识人体的各个部分并能用语言表达。

准备：

全开画纸2张，彩色笔。

方法：

1.将两张全开画纸平铺在地上，让孩子光脚躺在纸上，伸展四肢。

2.家长用彩色笔沿着孩子的身体四周，由头部开始描下整个身体的外形。

3.家长和孩子一起边唱儿歌边表演，认识身体的各部分及其位置。

4.将描好身体外形的画纸贴在墙上或放在地上，让孩子把自己身体各部位指出来，并把眼、耳、鼻和口画出来。

小贴士

- 家长还可以和孩子讨论身体内部有什么器官等，也可以请孩子画出来。

儿歌《小手拍拍》

小手拍拍，小手拍拍。

手指伸出来，手指伸出来。

小脚在哪里？请你指出来。（家长提问）

小脚在下面，我就指出来。（宝宝回答）

2岁～2.5岁智力早教游戏

能分清长短、前后

目的：

学会对2个以上的物体做出最小、最长等判断，锻炼孩子的反应能力，学习理解简单的数量词。

准备：

大小不同的鞋子。

方法：

1.家长拿出爸爸、妈妈、宝宝的鞋子，让孩子通过观察、比较，分辨哪双鞋子最大、哪双鞋子最小。

2.家长说："我要最大的鞋。""我要最小的鞋。"让孩子正确地选择相应的物体。

3.也可以让孩子说，家长选。有时家长可以故意选错，让孩子来判断、分辨，帮助孩子对2个以上的物体做出大小的判断。

小贴士

▸ 在日常生活中让孩子多练习，如让孩子帮忙拿最大的苹果给奶奶吃等，帮助他积累辨别物体大小、长短等的相关知识。

彩笔排队

目的：

培养孩子对颜色及长短的判断。

准备：

3支长短和颜色皆不同的彩笔。

方法：

1. 家长告诉孩子："请把某色的彩笔举起来！"如果孩子举对了，给予表扬，举错了，引导孩子自己纠正。

2. 让孩子把笔的一端与桌边对齐，启发他发现三支彩笔的长短不同。引导孩子将彩笔按由短到长的顺序排列。

3. 请孩子指出哪根彩笔最短，哪根长一点儿，哪根最长。

4. 要求孩子讲清楚，如："黄色彩笔最长，绿色彩笔长一点儿，红色的彩笔最短"。

小贴士

- 对能力较弱的孩子可先用2支彩笔作比较，对能力较强的孩子可适当增加到四五支。

帮助小熊猫

目的：

帮助孩子学习上下、前后方位。

准备：

玩具小熊猫1只，玩具货车1辆（用纸盒可自制），香蕉1根。

方法：

家长和孩子坐在一起，由家长发出指令，孩子按指令完成任务。

1.“这只小熊猫想表演几个节目给我们看，请你帮助它好吗？它想坐在椅子上，请你帮它坐到椅子上。”

2.“小熊猫又想从椅子上跳下来，请你帮它的忙。”

3.“你猜小熊猫跳到地板上想做什么？它想走到椅子后面去。请你把它放到椅子后面。”

4.“小熊猫想到椅子前面来，在地板上坐一会儿。”

5.“小熊猫坐了一会儿，它觉得困了。它想在椅子下面睡觉，请你把它放在椅子下面。”当孩子把小熊猫放到椅子下面后，家长说：“小熊猫睡了，你也休息一下吧。”

6.休息片刻后，家长把小熊猫拿出来，放到玩具车前面对孩子说：“它跑到汽车前面去了，这太危险了，你快把它抱开吧。”

7.孩子抱起小熊猫后，家长说：“小熊猫是想到小车的车厢里玩，你把它放在车厢里，开着小车带它玩一会儿吧。”

8.“请停下来，小熊猫说它饿了，想下车到纸盒里找点儿吃的，请你把它抱到纸盒里边吧。”

9.“小熊猫说吃饱了，它说表演完了，想站在箱子上面给我们鞠个躬。请你把盒子翻过来，让小熊猫站在上面。”孩子把小熊猫放在盒子上面，家长拿着小熊猫作鞠躬状，并说：“小熊猫说谢谢你的帮助。”

小贴士

- 孩子要反复学习方位的概念，所以游戏的过程中要有趣味性，才能吸引孩子反复玩。

小动物排队

目的：

掌握前后和次序的概念。

准备：

小动物玩具若干。

方法：

1.家长和孩子一起拿出小动物玩具，并对孩子说："来，我们给小动物排队。小鸡在前面，小狗在后面，小兔在中间。"

2.让孩子掌握前面、后面、中间的空间概念，根据孩子的实际水平增加玩具的个数。

3.还可以要求"小熊排第一，小猴排第二，小鸡排第三，小猫排第四……"使孩子逐步掌握次序的概念。

小贴士

- 日常生活中家长可以多进行这方面的练习和指导，比如放鞋子，第一格放爸爸的，第二格放妈妈的，第三格放宝宝的。

3的组成、分解

目的：

学习初步的数概念，培养注意力、记忆力和手的技巧，形成简单的数概念。

准备：

水果3个，玩具3个，饼干3块，书3本。

方法：

1.家长带动宝宝一起用手指点数水果、玩具、饼干或书（启发宝宝知道：这些都是3）。

2.请宝宝按数取物，家长随意说出1、2或3，引导宝宝按指令拿物品。

3.引导宝宝寻找周围与3的个数相等的物品，如3位家长、3把椅子、3块积木。

认识水果

目的：

丰富自然知识，了解常见水果的外形特征。

准备：

小纸箱1个（或方巾1块），苹果、香蕉、橘子各1个。

方法：

1.将水果放在小纸箱里，或用方巾将这些水果盖起来。

2.将小纸箱拿到宝宝面前，问：“里面有很好吃的东西，想知道是什么吗？”

3.家长逐一取出箱中水果，请宝宝看看、摸摸、闻闻，加深印象。

4.品尝不同的水果，让宝宝说出味道、颜色、特征。

儿歌《剥橘子》

要吃橘子先剥皮，两只小手快快动。

橘子上面有小坑，手指使劲抠开皮。

脱掉外衣露出肉，一瓣一瓣进嘴里。

2.5岁～3岁智力早教游戏

认识数字1～10

目的：

学会10以内数字的认读，练习数1～10。

方法：

1.家长引导宝宝上下楼梯或走路时，要对应台阶或步子有节奏地从1数到10。

2.宝宝玩积木时，有意识地让宝宝通过给积木排队来了解数的概念。游戏可重复进行，让宝宝逐渐熟悉数的顺序。

3.利用各种物品、各种机会引导宝宝学习10以内的数字。

彩绳找朋友

目的：

1.辨认红、黄、蓝三种颜色，体验按颜色分类。

2.练习手眼协调地穿珠子。

准备：

红、黄、蓝三种颜色、形状不同的大孔珠子，红、黄、蓝三种颜色的彩绳各一根，放在小盘里。

方法：

1.请宝宝观察珠子和绳子的颜色，示范把相同颜色的珠子用绳子穿上。

2.家长鼓励宝宝穿完盘中的珠子。

3.在穿珠的过程中，引导宝宝说一说珠子的颜色。

小贴士

- 当宝宝没有按绳子的颜色穿珠子时，家长不要立刻指出或要求孩子马上改正，要等一等，孩子也许自己会发现并改正；或用语言及动作给孩子一些暗示。

举一反三：

在日常生活中，家长可以引导宝宝辨认颜色，如“请把那条蓝色的毛巾递给妈妈”“坐上这把黄色的椅子很舒服吧”等，让宝宝在自然的状态下识别颜色。

数字排队

目的：

帮助孩子练习数字排序，培养孩子对数学的兴趣，发展孩子的思维能力。

准备：

1～10的数字卡片一套。

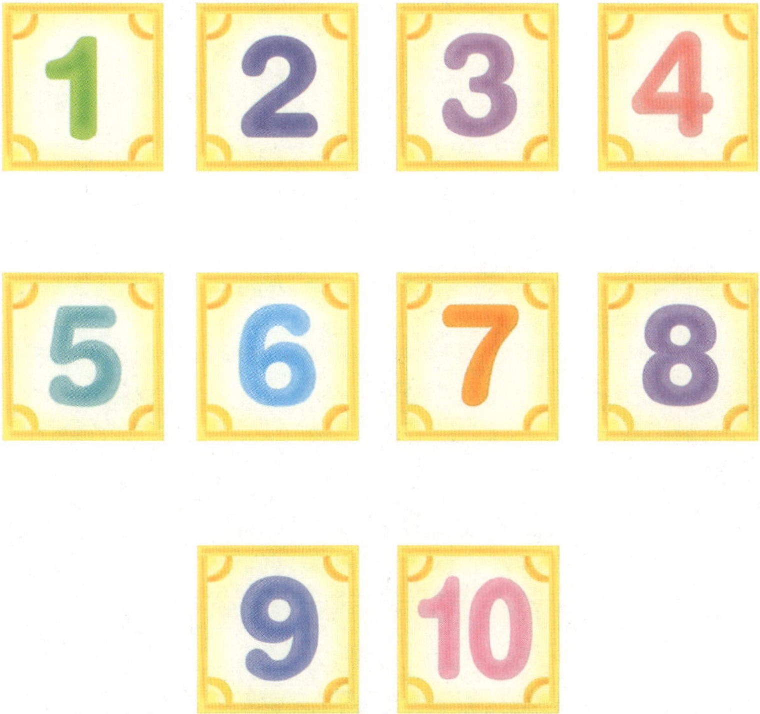

方法：

1.家长把打乱次序的数字卡片放在桌前，让孩子快速把卡片按顺序从小数排到大数(或从大数排到小数)。

2.请孩子把卡片放在桌上，家长拿出其中一张卡片，让孩子迅速举起比该数字大1或小1的数字卡片。

小贴士

- 家长可以看看孩子每次排序需用多少时间，从而了解孩子的反应情况。

冬天和夏天

目的：

熟悉季节的基本特征，学习自然知识，培养自然观察智能，激发好奇心。

准备：

有季节特征的图片。

方法：

1. 把图片一张张地讲给宝宝听，让宝宝自由地玩一会儿。

2. 妈妈从中拿出羽绒服、手套、西瓜和裙子的图片，让宝宝从中挑出一张不同类的图片，并让宝宝说出为什么。

3. 把这几张图摆好，让宝宝挑出哪些是冬天用的，哪些是夏天用的。

儿歌《春天到》

春天到，春天到，
花儿朵朵开口笑。
草儿绿，鸟儿叫，
蜜蜂蝴蝶齐舞蹈。

汽车钻山洞

目的：

熟悉简单的图形，掌握基本特征，认识主色以外的颜色。

准备：

造型不同、颜色不同的玩具小汽车3辆，硬空心纸筒1个（宽度可以让小汽车穿过，长度略超出3辆小汽车的长度）。

方法：

1.家长用线将3辆汽车连接在一起，让孩子观察。

2.家长把汽车拉进纸筒，告诉孩子要注意："先开进山洞的车是什么颜色？第二辆开进山洞的车是什么颜色？最后开进去的那辆车是什么颜色？"

3.当汽车全部拉进纸筒后就停下来。家长请孩子说出第一辆出来的车是什么颜色，第二辆是什么颜色，第三辆是什么颜色。

4.家长引导孩子拉线的另一端再把汽车倒拉回去，拉之前问："前方堵车，要倒车，什么颜色的车先倒出来，然后是什么颜色的？"然后再拉线，证实猜测。

小贴士

- 也可打乱汽车顺序重复游戏，家长也可以参与猜的顺序。

翻卡说颜色

目的：

学习辨认颜色，发展孩子的创造能力。

准备：

卡纸，彩色笔。

方法：

1. 将卡纸裁成8厘米×6厘米的长方形卡片，制成一副彩色的游戏卡。

2. 将卡片像洗牌一样洗一遍，翻扣在桌上。

3. 孩子和家长依次翻一张卡片，并说出所翻卡片是什么颜色。说对了，就取回这张卡片，最后以得卡多者为胜。

小贴士

- 做卡片时，也请孩子一起参与。

第三章

运动能力早教游戏

儿童的动作和运动能力的发展在心理发展上具有重大意义。运动不仅能促进儿童的骨骼、肌肉、神经系统以及身体各系统器官的生长发育，也能促进心理发育，提高智力水平。

运动使血液循环畅通，给大脑带来更多的氧气与营养物质。

运动可以促进儿童的认知能力，开阔视野，促进空间知觉和思维发展。

通过肢体的运动，儿童可以认识自己的力量。

运动可以增强儿童的体质，提高儿童对疾病的防御能力，改善中枢神经系统的功能，并促进智力发展及培养良好的个性。

儿童持之以恒地进行体能锻炼是极其重要的。心理学家认为，在儿童的智能发展中，运动发展占主导地位。因此，儿童运动的能力常被作为测量智力发展的主要指标。

1岁~1.5岁运动能力早教游戏

弯腰捡物

目的：

训练身体动作的协调性。

准备：

玩具若干。

方法：

1.宝宝与家长面朝同一方向而站，将玩具放在宝宝的前方，双手扶住宝宝的腹部，让宝宝弯腰拿取玩具。

2.将玩具放在宝宝的脚前面，指导宝宝屈膝蹲身拿取玩具。

顶物走

目的：

训练身体动作的灵活性。

准备：

在室内或室外平整宽阔的地方，画一个直径约2米的圆圈。在室内时，可以在圆桌旁进行，最好有地毯，给孩子提供2张大公鸡面具。

方法：

1.宝宝和家长头戴大公鸡的面具，面对面隔着圆圈（圆桌）而站。

2.游戏开始时，两人同时按顺时针方向走，途中不能用手扶头上的东西，如果面具掉下来，必须原地捡起放回头上，才能继续进行。以先回到原位者为胜。

捉蝴蝶

目的：

1.训练孩子的视觉追逐能力。

2.练习孩子四散行走，转换蹲下、站起的动作。

准备：

彩色纸蝴蝶，软线。

方法：

1.家长拿纸蝴蝶逗引孩子，让孩子的视线追逐蝴蝶的落点。

2.家长逗引孩子追着蝴蝶走动，当蝴蝶落地时让孩子蹲下捉住它。

3.为了增加孩子的游戏兴趣，家长可以让孩子拿着蝴蝶，家长反过来追逐孩子。

采蘑菇

目的：

发展孩子蹲下或弯腰捡物品的能力。

准备：

用彩纸做成蘑菇贴在地上，用纸叠成小篮子，《采蘑菇》歌曲。

方法：

1.家长告诉孩子："树林里长了许多可爱的小蘑菇，我们去采蘑菇好吗？"

2.家长带领孩子来到"树林"里，孩子随着《采蘑菇》的歌曲采蘑菇。

3.家长引导孩子将蘑菇放在小篮子里。

小贴士

- 家长在家里可指导宝宝利用各种玩具，练习走与蹲下拾物的能力。

竹竿操

目的：

增进亲子感情，学习基本的身体运动。

准备：

两根1米左右的木棍或竹竿。

方法：

两位家长让宝宝站在竹竿中间，握着两端，引导宝宝做动作，两臂侧平举、两臂上举、两臂前后交替摆动、身体下蹲等。

传接球

目的：

训练大肌肉运动和双手控球的能力，发展身体的协调动作。

准备：

1个宝宝能够抱住的沙滩球。

方法：

让宝宝站着张开两手，爸爸妈妈拿球，站在离宝宝比较近的地方，把球抛向宝宝的手里或怀里，让宝宝学着接球。

猫捉老鼠

目的：

增强亲子感情，学习跑，激发快乐的情绪。

准备：

猫和老鼠的面具。

方法：

1.宝宝戴小猫面具，家长戴老鼠面具。

2.家长在前面跑，激发“小猫”捉老鼠的愿望。

3.家长教宝宝学说儿歌：“小猫小猫喵喵叫，急着要把老鼠找。老鼠老鼠你快跑，别让小猫把你捉到。”说完“捉到”，成人在前面跑，“小猫”在后面追。

小贴士

- 开始要让宝宝很容易捉到，分享成功的快乐。重复游戏时加速跑，增加难度。

小路弯弯

目的：

学习走弧形线。

准备：

2根长约3米的绳子。

方法：

1. 将绳子放在地上，摆成宽约30厘米的平行曲线，当作“小路”。

2. 让孩子在绳内沿着曲线走。提醒孩子不要踩着绳子，否则要退回起点重走。

小贴士

- 刚开始练习时，曲线的弯度要小些，随着孩子能力的加强，弯度可逐渐加大，“小路”也可渐渐变窄。

1.5岁～2岁运动能力早教游戏

踮脚尖走

目的：

训练身体的自控力，发展平衡力。

准备：

圆形纸片若干。

方法：

1.将圆形纸片放在地上，摆成一条路。

2.家长示范，脚尖踩着圆形纸片走。

3.鼓励宝宝模仿家长的动作走。可以先拉着宝宝的手走几步，再让宝宝自己走。

跨地雷

目的：

训练身体的自控力和平衡力。

准备：

直径约25厘米的圆纸片若干。

方法：

1.将圆纸片放在地上，相邻的两个相距约15厘米，当作“地雷”。

2.让孩子练习跨越行走。游戏规则是：任意一只脚踏上“地雷”或手碰着了地，“地雷”就“爆炸”了，孩子就被淘汰出局。

小贴士

- 如果孩子走得很好，可以再增加点儿难度，让他头上顶着一本书，再走走看。

走猫步

目的：

训练身体的自控力和平衡力。

准备：

若干张纸，每张纸上画一个小猫脚印。

方法：

1.在较平坦、宽敞的地面，摆上两行画好的小猫脚印，总长3米左右。左、右两行的脚印前后错落排列，两脚印前后相距15厘米左右，可根据孩子的情况而定。

2.游戏开始时，家长说："喵，喵，喵，一只小猫从这里走过去了，留下两行小脚印，请踩着脚印走过去吧。"

3.让宝宝踮起脚尖踩着地面上的脚印向前行走。

小贴士

- 如果有可能，可找两三个孩子一起玩，进行比赛，这样孩子们会玩得更有兴致。

找方位

目的：

通过具体、形象的肢体活动帮助孩子感知和理解抽象的空间概念。

准备：

绳子，球，竹竿等。

方法：

1.家长坐在地板上，抬起一条腿(高度适中)，让孩子从家长的腿上跨过。

2.家长各拉住绳子的一头(高度适中)，让孩子跨过绳子，并请孩子把球扔过绳子。

3.家长各握住竹竿的一头，请孩子把球从竹竿下滚过。

小贴士

- 发展孩子肢体动作的游戏随时随地都可以开展，不管是室内还是户外都可以。做游戏时，要充分考虑孩子的自身发育情况，不要损伤了孩子的肌肉或骨骼。

玩球

目的：

通过练习滚、接、踢球等动作，锻炼孩子全身的大肌肉，提高身体协调能力和身体控制能力。

准备：

1根长1米左右的橡皮筋，1只小皮球。

方法：

1.滚球：把橡皮筋固定住当作球门，高度以能滚过球为准。家长和孩子分别蹲在橡皮筋的两边，相距约3米，将球经过球门来回滚接。

2.投球：家长双手相扣、两臂前伸围成空心圈，作为“篮筐”，让宝宝将球投进“篮筐”里。刚开始手臂要低些，便于宝宝投进，以后慢慢升高。

3.抛接球：家长和宝宝距离很近面对面站着，让宝宝抛球，家长接球。宝宝动作熟练后，可与家长相互抛接并逐渐拉大距离，增加难度。

丢飞盘

目的：

培养孩子身体的灵活性。

准备：

1个塑料飞盘。

方法：

1. 找一个空旷的场地，家长抛出飞盘，让孩子追着飞盘跑。
2. 让孩子试着接飞盘。
3. 换孩子抛飞盘，家长来接。

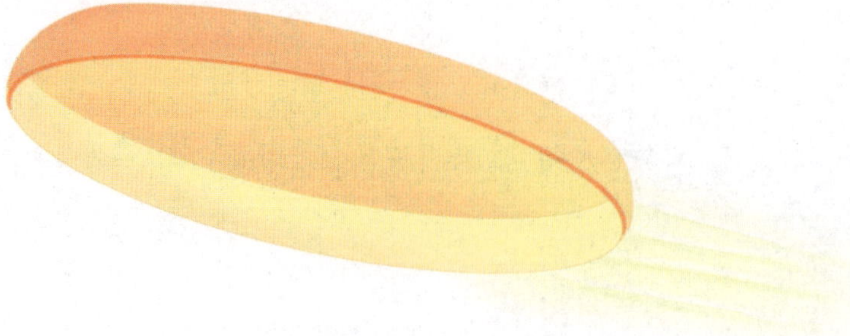

抓绳子

目的：

在追、抓、握等动作中发展孩子的目测力、活动的灵敏性、协调性，激发身体的控制能力等。

准备：

颜色鲜艳的绳子1根。

方法：

1.成人将绳子轻缓地在空中挥动，挥动时要注意孩子的高度，要让孩子能伸手够得到绳尾并能抓住它。

2.鼓励孩子抓住空中扭动的绳子尾巴，不要让绳子跑了。活动中要让孩子体会到成功与喜悦。

过桥投篮

目的：

训练平衡能力和动作的稳定性，练习手眼协调地掷物。

准备：

塑料小球、泡沫砖、篮筐、山洞。

方法：

1. 家长与宝宝共同搬运泡沫砖，搭成游戏用的小桥。

2. 当宝宝拿球过桥时，家长要左右保护。

3. 通过小桥后，鼓励宝宝选择高度适宜的篮筐，投掷球。

小贴士

- 此年龄段的宝宝非常喜欢扔东西，但很难完成肩上的投掷动作。因此，动作多在胸前、腹前，掷准、掷远。为了满足宝宝的需要和适应宝宝的动作发展特点，篮筐放置要适合不同宝宝的高度。

踩石头过河

目的：

练习行走动作，训练平衡能力和身体的协调动作。

准备：

几本书。

方法：

1.妈妈在地上放几本薄薄的书，两本书之间相隔一小步。

2.妈妈告诉宝宝现在是在“河边”，这些书就是河里的石头，让宝宝小心翼翼地踩着“石头”过河，不要掉到河里去。

3.如果宝宝不小心踩到地上，妈妈可以抱起宝宝说：“宝宝掉到河里了！宝宝被水冲走了！”

呼啦圈

目的：

训练动作的准确性。

准备：

呼啦圈1个。

方法：

1.像滚铁环一样，滚动呼啦圈。刚开始时，握着孩子的手一起做滚动的练习。

2.家长站到另一边，把孩子滚过去的呼啦圈朝孩子滚过来。

小贴士

- 这个游戏会让孩子的平衡感和调节能力有所发展。

保龄球

目的：

培养孩子的空间感觉和控制方向的能力。

准备：

空的牛奶瓶和可乐瓶，球。

方法：

1. 把牛奶瓶、可乐瓶放在地上摆成一排，让孩子把球丢出去打倒瓶子。
2. 让孩子先从近的地方开始丢球，再渐渐从较远的地方丢。
3. 让孩子数数看，自己打倒了几个瓶子。

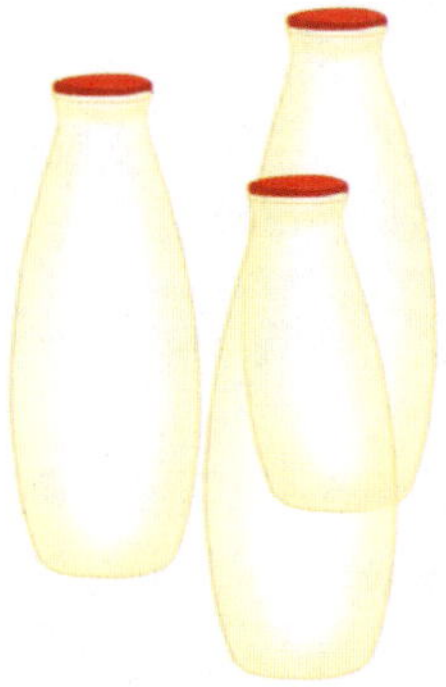

纸杯扣球

目的：

提升孩子的反应能力。

准备：

2个纸杯，1个小球。

方法：

1. 用手抓着倒扣的纸杯，开始游戏。

2. 家长将球轻轻地滚到孩子的面前，要求孩子用纸杯扣住球。孩子每次扣到球，都要说“做得好”来鼓励他。

3. 家长和孩子轮流扣球和发球。

小棒推皮球

目的：

训练观察力和小肌肉动作，初步理解物体与物体特性之间的关系，比如圆的东西可以滚动等。

准备：

1根小棒，1只皮球，空易拉罐若干。

方法：

1.教宝宝用小棒推着皮球滚动。

2.将易拉罐摆成一排，让宝宝推着皮球绕着易拉罐走。

玩纸球

目的：

体验玩自制玩具的乐趣。在走、跑、跳、追、踢、投掷的游戏里锻炼各部位的大肌肉的力量。

准备：

亲子合作做成的“纸球”。

方法：

1.将“纸球”拴上绳子让宝宝拖着跑，家长在后面追。

2.家长和孩子在头上和胯下来回传球、抛接球，也可以让宝宝踢球并跟着球跑。

3.家长还可在胸前用双臂围成“篮筐”，供宝宝投篮用。

小贴士

- 以运动为主的游戏，可以激发宝宝的活动兴趣，增加运动量。在运动中，家长要把握好运动量，活动过后，当宝宝头上出现微汗时，要通过改变方法如在背上颠球、手中传球等，使运动量降下来。宝宝的运动系统和神经系统就能得到适时的调节，这样宝宝才能获得愉悦的情绪体验。

追影子

目的：

训练奔跑的动作，培养身体动作的敏捷性和灵活性。

准备：

一面稍大的镜子。

方法：

1.天气晴朗的日子，带着宝宝到户外游戏。

2.家长选择一块宽敞的平地，拿镜子将阳光反射到地上。

3.先让宝宝注意到这个影子，然后让宝宝去捕捉。

4.家长可以慢慢地变换光影的位置，鼓励宝宝随着影子的移动去捕捉，宝宝会玩得很开心。

脚踏车

目的：

前庭觉刺激的训练。

准备：

三轮脚踏车，空易拉罐若干。

方法：

1. 找一个空旷的场地，间隔一定距离放置几个易拉罐当障碍物。
2. 让孩子骑着脚踏车，以左右回旋呈“Z”字形的骑法，避开障碍物。

2岁～2.5岁运动能力早教游戏

拔萝卜

目的：

学习双脚跳。

准备：

用纸剪成的“萝卜”。

方法：

1.在地上画或者摆一条线，让孩子站在线的一边。

2.让孩子双脚从线的一边跳到另一边，练习双脚跳。

3.把纸萝卜放在线的另一端，家长说：“小兔去拔萝卜吧。”让孩子双脚跳着到“萝卜”跟前，拿一个“萝卜”跳回来。

小司机

目的：

练习走或跑的基本动作。培养亲子感情，丰富家庭生活的乐趣。

准备：

家长每人一把椅子，分别放在场地的两端，1个塑料盘子当方向盘。

方法：

1. 两名家长分别坐在场地两端的椅子上。

2. 宝宝做开汽车的动作，走到一个家长那里。

3. 宝宝说“请上车”，坐在椅子上的家长站起来，手放在宝宝的肩上，跟宝宝一起把“车”开到场地另一端，接上另一位家长一起“坐车”。

4. “车”开到场地另一端时，宝宝说：“爸爸妈妈，请下车。”家长夸奖能干的“小司机”，游戏结束。

儿歌《小司机》

大马路，真热闹。小司机，本领高。

小汽车，嘀嘀嘀。接妈妈，去游戏。

请妈妈，上车去。

撒渔网

目的：

让宝宝感受滚动的乐趣，并学习站起跑动的连贯动作。

准备：

大浴巾1条。

方法：

1.家长将浴巾平铺在地上，让孩子躺在浴巾上，从浴巾的短边卷起。

2.卷到另一端时，家长慢慢向上拉起浴巾，使宝宝在浴巾中慢慢滚动，直到身体全部露出。

3.家长和宝宝一起说儿歌："小鱼小鱼，哪里逃？大网小网都抓牢。"

小小运动会

目的：

练习跑、钻、爬、跳，提高运动能力，锻炼身体的灵活性。

准备：

2米长的软垫子，大纸箱，小桌子，苹果。

方法：

1.将垫子和纸箱一字排开，把苹果放在桌边。

2.家长示范动作：爬过垫子，钻过纸箱，跳起拿下苹果，快速跑回来。

3.指导宝宝做动作。

敲鼓

目的：

培养孩子的乐感和节奏感。

准备：

铃鼓2个，筷子2根。

方法：

1. 家长两手各拿着一个铃鼓坐在凳子上。
2. 晃动手中的铃鼓。
3. 让宝宝站在两个铃鼓中间用筷子左右敲击铃鼓。
4. 家长帮助数数，看看击响了多少次。

走平衡木

目的：

训练平衡能力，学习身体控制平衡。

方法：

1. 找一块空旷的地方画一条线，让宝宝练习沿着这条线行走，每一步都要踩在线上。

2. 告诉宝宝掌握平衡的方法，如双臂伸平，手握一根小棍等。根据宝宝的情况逐渐增加走线的难度，如走曲线或一些不规则的路线。

2.5岁～3岁运动能力早教游戏

骑三轮脚踏车

目的：

训练下肢力量，练习控制身体运动的方向。提高肢体动作的协调。

准备：

儿童三轮车。

方法：

1.家长指导宝宝学习骑车的方法：脚要始终向前用力踏脚蹬子。

2.宝宝在车上坐好。家长一只手拉着车把向前走，引导宝宝双脚交替踏脚蹬子。

3.动作熟练后，要求宝宝向不同方向骑车。

传球

目的：

学习控制球。增强体质，加强运动速度。培养快速的反应能力。

准备：

1个球。

方法：

1.将球高高地往上抛，尽可能地丢远一点儿。

2.将球朝下丢，尽量让球滚远一点儿。

3.将球对准一个目标丢掷。

4.将球往地上用力丢，让球弹得很高。

5.让孩子接爸爸丢出的球。

蹬球

目的：

练习蹬脚动作，发展大运动和身体动作的协调性。

准备：

1个皮球。

方法：

1.宝宝坐在地板上，妈妈将球放在宝宝前方。

2.让宝宝双手撑在地板上，双腿屈膝，双脚放在球上，然后伸腿用力踢球，把球踢向远处。

3.球滚远后，让宝宝把球抱回来再玩。

球过山洞

目的：

训练大肌肉运动和对空间方位的控制力，发展身体动作的协调性。

准备：

1个皮球。

方法：

1.让宝宝四肢分开，撑在地上，形成一个“山洞”。

2.妈妈在一旁把球从“山洞”中滚过去。

3.妈妈在地上撑成“山洞”，由宝宝来滚球，看宝宝能否控制球的滚动路线。

踢球

目的：

发展腿部肌肉动作，练习用脚踢球。

准备：

1个皮球。

方法：

家长两腿分开站立，当作“球门”，宝宝站在家长对面，把皮球放在脚前。游戏开始，家长和宝宝一起说儿歌：“大皮球，圆又圆，一脚踢进门里边。踢！”说完“踢”字，让宝宝用脚将球踢进“球门”。

小贴士

- 根据宝宝的不同水平，家长确定两腿间的距离及与宝宝之间的距离；家长随着宝宝的不断进步，增加与宝宝的距离。要及时地鼓励宝宝，增加其自信心。
- 交换角色，让宝宝当球门，家长踢球。

陀螺转转转

目的：

练习原地转动的动作，提高身体的平衡能力。

准备：

2根长10厘米的小棍，一端系着彩带。

方法：

1.宝宝左手拿小棍，手臂伸平，右手与妈妈握在一起，顺时针方向转动，让彩带随风飘起。

2.换右手拿小棍，左手和妈妈相握，逆时针方向转动。

3.宝宝学会转动后，妈妈再把小棍给宝宝，宝宝双手拿小棍，双臂平伸，原地转动。

小贴士

- 妈妈注意观察宝宝，开始转动时速度慢一些。
- 注意保护宝宝，防止宝宝转动时失去平衡。

儿歌《小陀螺》

小陀螺，转转转。小彩带，真好看。

小宝宝，多能干。小宝宝，真能干。

大脚和小脚

目的：

提高腿部肌肉的力量，发展平衡能力。

方法：

1. 家长和宝宝脱鞋后站在地毯上。

2. 家长与宝宝相对站立，宝宝的双脚分别踩在家长的双脚上。

3. 宝宝双手抱紧家长的腿，家长用胳膊搂住宝宝腋下。

4. 家长边跨步向前走，边与宝宝一起说儿歌，注意与宝宝保持平衡。

小贴士

- 宝宝的双脚踩稳后家长再走。
- 游戏熟练后，还可以倒退走，侧着走。

儿歌《小脚丫》

妈妈大脚丫，宝宝小脚丫。

大脚在下呀，小脚在上呀。

向前走！

向前走！

袋鼠乖乖

儿歌《袋鼠宝宝》

大袋鼠，有口袋。
口袋里，有乖乖。
学小鸭，摇摇摆。
过小河，腿高抬。
双脚跳，跑得快。

目的：

1. 发展平衡能力，体验运动中的节奏。
2. 感受体位移动与动作变化带来的快乐。

准备：

宽布带或围巾1条。

方法：

1. 宝宝面向前，站在家长的双脚上。
2. 家长将围巾从宝宝胸前经两侧腋下，围绕至家长身后并系好，松紧适度。
3. 家长双手从宝宝腋下穿过与宝宝双手互握，边说儿歌，边按儿歌内容变换动作游戏。

小贴士

- 家长念儿歌时，可通过手臂的摆动引发宝宝对节奏的体验。

送娃娃回家

目的：

练习双手抬物的能力，提高走的灵活性。

准备：

方形纱巾，玩具娃娃。

方法：

1. 将纱巾展开成方形，家长握住纱巾的两角，宝宝握住另外两角。

2. 将娃娃放在上面，家长和宝宝抬着娃娃，把它送回家。

小贴士

- 行走的方式可根据孩子的动作发展实际情况而定，如：双方侧着走，家长倒着走、孩子正着走，孩子倒着走、家长正着走。
- 走的路线也有多种选择，如直线走、蛇形走、“之”字形走。
- 家长积极热情地参与宝宝的活动。

穿大鞋

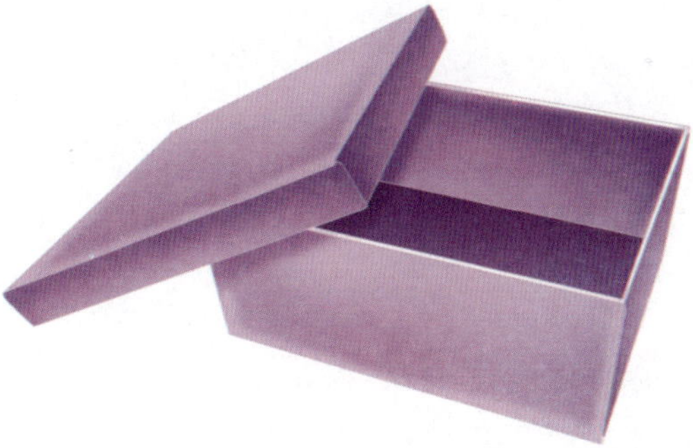

目的：

练习走。

准备：

剪刀、纸巾盒或鞋盒。

方法：

1. 把盒子的中间用剪刀剪开一个口，宝宝可以把脚放进去。
2. 穿着“大鞋”练习走。

小贴士

- 开始让宝宝穿一只“鞋”走，宝宝熟悉后可穿上两只“鞋”走。

跳过障碍物

目的：

增强身体的灵活性，训练耐力，提高跳跃的能力。

准备：

高15厘米左右的毛绒玩具。

方法：

在宝宝会立定跳远的基础上，在两条线之间放毛绒玩具，让宝宝双脚同时从上面跳过，家长站在对面做好保护。

跳格子

目的：

练习双脚行进跳，发展腿部力量。

准备：

一把小椅子。

方法：

在铺有地砖或地垫的房间里，妈妈牵着宝宝的手，顺着地上的方格子双脚往前跳。妈妈可用一张小椅子当作“家”，领着宝宝沿着格子小路跳回“家”。宝宝动作熟练后，也可以试着放手让宝宝自己跳。

第四章

艺术早教游戏

古今中外诸多的教育家都非常重视儿童的艺术教育。我国古代把“六艺”（礼、乐、射、御、书、数）定为教育的重要内容。近代教育家蔡元培提出的教育方针是以国民教育、道德教育、世界观与美育为教育的总内容。艺术教育——美育，是儿童教育不可或缺的重要组成部分，对儿童的全面发展有着特殊的作用。艺术教育的宗旨，就是提高儿童对美的感受、欣赏能力，以及对美的创造能力。

儿童的思维具体、形象，情感占优势，认识事物的过程带有很大的情绪性。他们对色彩、形象、音乐及生动的语言都有很大的敏感性，具有艺术教育的良好基础。

艺术教育以美感人，以情动人，以生动具体的美的形象吸引儿童的注意和兴趣，唤起儿童内在的审美兴趣和形象思维，促进儿童的情感在潜移默化中受到陶冶，并能在感受美的活动中得到教育。

苏霍姆林斯基说：“对美的欣赏可以使人变得高尚，能唤起人善良的情感，如同情心、忠诚、温柔、关爱。”艺术教育对儿童有巨大的吸引力和感染力。0~6岁是艺术才能的萌芽阶段和开始发展的时期，这时期的艺术教育，也将为一个人以后艺术才能的发展奠定良好的基础。

1岁～1.5岁艺术早教游戏

沙锤玩奏

目的：

通过使用沙锤探索乐器的使用方法。

准备：

音乐（选2/4节奏明确的），沙锤4个。

方法：

1.家长盘腿坐，让宝宝坐在家长的腿窝里。

2.家长将沙锤放到宝宝手中，伴随好听的音乐，让宝宝舞动沙锤。

3.沙锤在空中挥动一个八拍。

4.引导宝宝对敲沙锤一个八拍。

5.引导宝宝敲地垫一个八拍。

跳起来

目的：

通过弹跳活动让宝宝全身体验到一种稳定的节拍感。

准备：

节奏明快的歌曲。

方法：

1.家长坐在地板上，伸直双腿，让宝宝坐在家长的膝盖靠上的位置。

2.家长扶着宝宝的腋下，根据歌曲的节奏将宝宝高高举起。

小贴士

- 当宝宝熟悉后，家长可以使弹跳的幅度大些。

藏起来

目的：

通过纱巾和歌唱让宝宝感受音乐的乐趣。

准备：

纱巾1条。

方法：

家长和宝宝面对面坐，家长用纱巾蒙住宝宝的头并唱儿歌，当唱到“妈妈和我”时，把纱巾打开。

1=D 3/4

1 2 3 | 6. 6 – | 5 3 1 | 2 – – |

藏 起来， 宝 贝， 藏 起 你 来。

1 2 3 | 6. 7 6 | 5 3 2 1 – – ‖

谁 在玩， 捉 迷 藏， 妈 妈 和 我。

小贴士

- 家长可引导宝宝自己拿下纱巾或将纱巾盖在自己头上，让宝宝拿下来。

纸的探索

目的：

让宝宝感受不同材质的纸。

准备：

彩纸、卷筒纸、报纸等。

方法：

1.家长通过听觉、嗅觉、触觉让宝宝感知不同种类的纸。

2.让宝宝动手撕纸，想象不同的纸撕碎后像什么。

小贴士

▸撕完纸后，请宝宝一起收拾或是让宝宝独立收拾干净。

毛毛虫

目的：

培养对形态的感觉，增强想象力。

准备：

杂志纸若干，一次性袜子，胶带。

方法：

1. 教宝宝将纸团成纸团。
2. 将纸团塞到一次性袜子里，变成毛毛虫一节一节的身体。
3. 用胶带把纸团中间的位置系起来，画上眼睛、鼻子和嘴巴。

1.5岁～2岁艺术早教游戏

滚珠画

目的：

利用生活中常见的珠子让宝宝进行作画，同时加深宝宝对点、线、面的了解。

准备：

滚珠若干，红色、黄色、蓝色颜料，矿泉水瓶，自制小黑盒。

方法：

1.把纸铺在自制小黑盒里（可用鞋盒代替）。

2.把滚珠蘸满颜料，放在小黑盒里，进行左右翻滚。

3.让宝宝将滚珠蘸满颜料放在瓶子里，摇晃瓶子，让滚珠的颜料涂在瓶内。

小贴士

- 注意不要让宝宝误食滚珠，在认识红、黄、蓝基础颜色的同时，也可让宝宝自己尝试将两种颜色混合在一起后产生第三种颜色，认知颜色。

蔬菜印泥

目的：

利用生活中常见的蔬菜让宝宝进行作画，同时加深宝宝对点、线、面的了解。

准备：

黄瓜，柠檬，藕，砧板，颜料，白纸。

方法：

1.家长将黄瓜、柠檬、藕切成小块。

2.让宝宝自己拿着蔬菜蘸颜料，按在白纸上，让宝宝观察拓印的水果模样。

小贴士

- 不要让宝宝误食蘸了颜料的蔬菜。

穿糖葫芦

目的：

让宝宝接触平时最常见的面粉，通过注水变形，让宝宝接触到不同形状的面粉造型，并且通过揉、团、穿这一系列的动作让宝宝体会制作面团的乐趣。

准备：

面粉，盆，水，颜料，木棍。

方法：

1. 家长将面粉倒入盆中，让宝宝感受面粉。
2. 加入水，让宝宝观察注水后面粉的形态。
3. 加入颜料，让宝宝用手将颜料与面揉在一起，面粉变成面团。
4. 将面团揪成一个个小面团，穿在木棍上，做成“冰糖葫芦”。

小贴士

- 多让宝宝自己来感受面粉和面团的变化。

2岁～2.5岁艺术早教游戏

敲小鼓

目的：

锻炼宝宝的节奏感和手眼协调能力。

准备：

乐器小鼓。

方法：

1. 让宝宝坐好，双手拿鼓槌。
2. 家长播放节奏明快的音乐，让宝宝练习跟着音乐敲鼓。

小贴士

▶ 引导宝宝双手敲鼓和左右手交替敲鼓。

刺猬摘果子

目的：

让宝宝学会自己动手团、捏、粘、涂。

准备：

皱纹纸，刺猬图片，胶棒。

方法：

1. 让宝宝将皱纹纸团成纸团，捏一捏。
2. 让宝宝用胶棒把捏好的皱纹纸团粘在刺猬身上。

小贴士

- 鼓励宝宝多动手，自己来团皱纹纸。

2.5岁～3岁艺术早教游戏

长短音

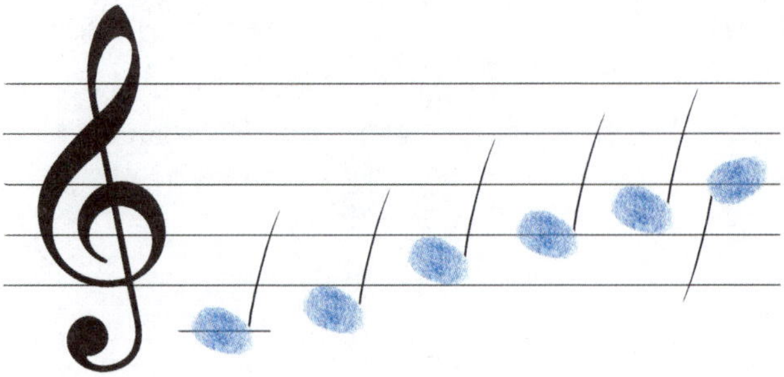

目的：

通过拥抱让宝宝感受长音及短音。

准备：

音乐。

方法：

家长抱着宝宝，当听到长音时，紧紧抱住宝宝，听到短音时，松开宝宝，通过反复几次游戏，让宝宝感知长短音。

小贴士

- 宝宝熟悉音乐后，可让宝宝听音乐主动抱家长。

甩笔画

目的：

锻炼宝宝手腕的力量以及对颜料稀释后的感知。

准备：

毛笔、铜版纸、底板、颜料。

方法：

1.将颜料稀释后，让宝宝用毛笔蘸上颜料甩在铜版纸上（铜版纸下面垫上底板）。

2.试着将纸张倾斜，纸张上的颜料就会流淌下来。

3.变化颜料的颜色和流动方向，可以做出网纹或格子纹样等各种图案。

小贴士

- 帮宝宝穿上罩衣，避免把衣服弄脏。

指印画

目的：

让宝宝了解小鸟的形态，并发挥想象力画小鸟。

准备：

颜料，白纸，水彩笔。

方法：

1.家长带领宝宝认知小鸟和颜料。

2.用手掌蘸上颜料印在纸上，在手印上画上眼睛和嘴巴，变成小鸟。

3.让宝宝自己多尝试，制作小鸟。

小贴士

- 鼓励宝宝尝试用手掌蘸染颜料，感受颜料的质地并发挥创造力绘画。

棉签吹梅花

目的：

通过吹、点绘画，锻炼宝宝的绘画创造力。

准备：

棉签，画纸，墨汁，红色颜料。

方法：

1. 用小勺舀一点儿墨汁倒在纸上，让宝宝吹开墨汁，任意方向都可以。
2. 用棉签蘸红色颜料，点在黑色墨汁上（模仿梅花）。

小贴士

- 吹的时候注意不要让孩子的嘴巴碰到墨汁。